W9-ABM-651

T 11327

Bruno Heitz

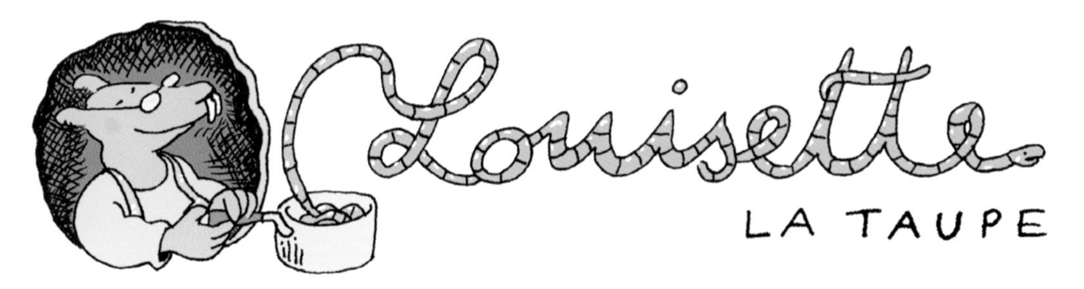

Un beau matin, chez Louisette la taupe...
En CAMARGUE? Pourquoi pas en Amérique?

Ce n'est pas de ton âge, Louisette, d'entreprendre un voyage pareil...

Je veux savoir ce qui est arrivé à mon ami Fernand.

Fernand, le ragondin?
Oui, il est parti il y a six mois pou la Camargue, son pays natal.

C'est là, tout en bas de la France.

Ce triangle, c'est le delta du Rhône. Un pays de marais où on voit courir les chevaux et les taureaux en liberté!
ÉDITERRANÉE

Pas comme ici, où les animaux de dessus font des travaux domestiques !
D'ailleurs, ça va être l'heure du courrier.
DONG
Il est passé ?
Pas encore.

Ah, le voilà !
Cachez vous!
Alors, ça vient?

Une facture d'électricité, une publicité pour un tracteur, le bulletin du syndicat des producteurs de navets... Mais rien de Fernand !

Pourquoi Fernand écrirait-il au fermier ?

...du flan de ver de terre, du confit d'escargot, du soufflé à la limace...

Ah non, ça me prendrait au moins cent ans!

Par la voie des eaux?
Ah ça, c'est bien une idée de crapaud!

Non. Je vais partir **par la poste**!
Nom d'un radis, je n'y avais pas pensé!

Je vais me cacher dans un colis que le facteur emportera...

... jusqu'au bureau de poste.

Ensuite, on me transportera en camion...
LA POSTE

... jusqu'à l'aéroport.
LA POSTE
Puis je prendrai l'avion jusqu'à Marseille !
Et de là, on me conduira en Camargue où je retrouverai Fernand !
TUT!

D'ailleurs, j'ai besoin de toi. Grâce à toutes les pattes de mouches que tu as avalées...

...c'est toi qui as la plus belle écriture!

Tu vas m'écrire l'adresse en gros, là.

Soigne bien les O et les a...
Mas du Ragond
...car au centre de ces lettres, nous ferons les trous d'aération.
Mas

Parfait ! Puis-je encore te dicter une petite lettre ?
Mas du Ra
Bouches du Rhône

« Cher facteur, voici un colis fragile...

... merci de l'expédier en RAPIDISSIMO! Il est affranchi.» Signé: le fermier.
Affranchi?
Mas du Ragondi
Bouches du Rhône

Ça veut dire qu'il y a des timbres sur le colis.
Viens voir!

J'ai là quelques artistes de la copie!
0,50

Sois gentil de venir lundi à la première heure...
Monsieur le facteur

...j'aurai besoin de toutes les bonnes volontés pour me hisser jusqu'à la boîte aux lettres!
D'accord Louisette!

Et ce lundi matin aux aurores...
HO...
HiSSE
RAPiD
Mas du Ragondin Bouches du Rhône

Sois prudente!

Ça va Louisette, tu n'as rien oublié?
Rien: j'ai ma valise, mes provisions et une bouteille de liqueur de topinambour pour tenir le coup!
!
Alors on y va!
Mas du Ragondin Bouches du Rhône

Le voilà!
Bon voyag
Louisette!
Merc
petit

Tiens! Je n'aurais jamais cru que ce gros fermier savait écrire si poliment!

BRÊÊMMM

Heureusement, le fauteuil est attaché...
...mais j'aurais dû faire fabriquer une ceinture de sécurité!
HÉ!
MES LUNETTES!

Ça y est, je dois être dans le camion. Mais où diable sont passées mes lunettes?
AILLEURS
ICI
TRÈS LOIN

Tiens, qu'est-ce que c'est que ces timbres?

Ça date du siècle dernier, ces machins!

L'adresse n'est pas complète... Manque le code postal...

...et ça voudrait partir en RAPIDISSIMO!

ADZOING
Retour à l'envoyeur

Et voilà, je suis dans la soute de l'avion!

Ah, ça y est, j'entends les réacteurs!
VRRRRRRo
VRRRO
VRRoooo
!?

Eh bien, l'atterrissage a été brutal, ce pilote est un casse-cou!
CAVE

Ah! voilà qu'on nous embarque...
CAVE

pour la Camargue.
CAVE

Aïe! Qu'est-ce que c'est? Du verre cassé?
Hélas, pas de doute possible....

Ce sont bien mes lunettes, réduites en bouillie!

VLAM
RÉSERVÉ AU SERVICE

Houlà, là, là ! Les postes du Midi, ça secoue... Mais enfin, je suis arrivée à bon port.
Cette odeur d'humidité ne me trompe pas : je suis tout près des marais.
URGENT
Tant pis, même sans lunettes, je me risque...
INCONNU A CETTE ADRESSE
Je sors ! Dès que j'aurai trouvé Fernand, tout s'arrangera !

Ah ! Ça sent la marée...
HÔTEL DE L
POSTE
Le grand large n'est sûrement plus très loin !
AUTRES
DESTINATIONS
RESTAU
Menu

Ouf, ce n'est pas le Rhône puisque j'ai pied !
Fichtre, il y a quand même un sacré courant !

!?
Au secours !
FERNAND !

FERNAND ?
Elle connaît Fernand ?
Je vais le cherche

Je dois voir le chef !

Chef, on vient de récupérer une taupe dans le grand canal. Elle semble vous connaître !
Bon sang, c'est Louisette !

Elle ne sait pas que je suis devenu le patron des rats d'égout !
Elle me croit en vacances en Camargue. Allons-y !

Ma chère Louisette!
Fernand!
Comment es-tu arrivée ici?
Par la poste, mon cher Fernand.
Mais... où sont te lunettes?
Elles se sont cassées dans le voyage. Mais je vais te dire; je suis déçue par ton pays: le Rhône me semble bien pollué et je n'entends pas le vent dans les roseaux!
!
Viens dans ma cabane!
Le vent ne va pas tarder à se lever...
Tic
...et tu vas me dire des nouvelles de ce poisson pêché ce matin même dans l'étang du Vaccarès!
ARDINES
Dans ma vali j'ai de la liqu de topinambou

Quelques heures plus tard...
Maintenant que je suis rassurée sur ton sort, mon cher Fernand, il va falloir que je pense à rentrer.
Déjà ?
Oui. Il me semble que le climat d'ici ne vaut rien à mes rhumatismes.
Je te raccompagne !
Nous allons prendre le bateau...
... de Gouttenoire, un fameux marin...
... qui nous accompagnera jusqu'à l'autre rive de l'étang, où nous prendrons ma voiture !
Quel dommage que je n'aie pas mes lunettes ! Je devine un magnifique coucher de soleil...

En route ! Nous allons remonter la nationale 7, la route du soleil… Si tu y voyais mieux…
MAQUEREAUX AU VIN BLANC
…tu apercevrais à ta gauche les rondeurs veloutées du Massif central, et à ta droite les dentelles acérées des Alpes !
Quel poète tu es, Fernand Avec toi…
CASSOU
…j'irais jusqu'au bout du monde !
Hum. Le bout du monde…
Ça fait bien loin, tu sais, alors qu'on peut s. dépayser si près de chez soi !

Bruno Heitz Petit, Bruno Heitz aimait creuser la terre du jardin pour faire des tunnels, des ponts et des garages pour ses petites voitures. Pendant ces travaux, il découvrait parfois d'étranges galeries qui le fascinaient : celles pratiquées par les taupes ou les mulots du voisinage. Maintenant qu'il est grand (ou presque), Bruno Heitz vit en inventant et en dessinant des histoires pour la jeunesse. Ça lui permet d'habiter à la campagne dans le sud de la France, où, c'est bien connu, il fait toujours beau et où l'on peut jouer dehors très souvent. Aussi, quand Casterman lui a demandé de créer une bande dessinée, il est sorti dans le jardin et s'est agenouillé, l'oreille contre le sol, près de la boîte aux lettres, pour écouter ce qui se passait sous terre…

www.casterman.com

ISBN 978-2-203-11270-4

Imprimé en Italie
Dépôt légal juin 2005 ; D.2005/0053/14
Déposé au ministère de la Justice, Paris (loi n°49.956 du 16 juillet 1949 sur les publications destinées à la jeunesse).